LK 1102.

NOTICE

SUR LA

Bibliothèque publique de la ville de Bordeaux.

1851

NOTICE HISTORIQUE

SUR

La Fondation et les Accroissements successifs de la Bibliothèque de Bordeaux ;

Par M. BERNADAU,

Auteur de l'*Histoire de Bordeaux*, continuée depuis 1675 jusqu'en 1836.

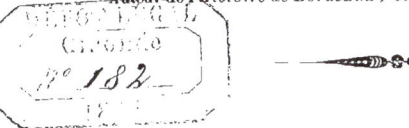

Il y a plus d'un siècle que la Bibliothèque publique de Bordeaux a été fondée par la libéralité d'un habitant recommandable de cette ville. Nous croyons qu'une Notice sur cette fondation, sur son auteur et sur les accroissements successifs qu'a reçus cet établissement, ne sera pas indifférente aux personnes qui en jouissent.

§ I. — *Fondation de la Bibliothèque publique de Bordeaux.*

L'Académie des belles-lettres, sciences et arts fut établie à Bordeaux en 1712. Les jurats lui avaient accordé provisoirement une salle dans l'Hôtel de ville pour tenir ses assemblées.

Lorsque M. Bel, conseiller au Parlement, fut élu membre de cette société, il vit avec étonnement qu'elle ne possédait pas deux choses indispensables à sa stabilité et à ses travaux, savoir : un logement fixe et une bibliothèque. Il résolut de lui procurer ces deux avantages, mais de manière qu'ils pussent tourner au profit de tous ses concitoyens. Par son testament du 28 août 1736, il donna à l'Académie de Bordeaux : 1° L'hôtel qu'il habitait rue Saint-Dominique, 2° La bibliothèque qui y était établie, 3° Une maison située rue Mautrec, 4° Une autre maison rue Poudiot, le tout à lui appartenant. Il mit pour condition à sa donation que l'Académie occuperait dorénavant l'hôtel qu'il lui léguait, qu'elle chargerait un de ses membres de la tenir ouverte au public, trois fois par semaine, et que ce Bibliothécaire serait logé dans l'hôtel, et aurait un traitement annuel de 800 fr.

Aucun des biographes qui ont donné l'article de Bel ne parle de sa patriotique donation ; certains l'ont singulièrement dénaturée, en la considérant comme une intention vague de sa part, tandis que c'était un fait accompli. Ils disent seulement « qu'il » avait une très-belle bibliothèque qu'il *voulait* rendre publique, » avec des fonds pour l'entretien de deux bibliothécaires. » Mais le projet qu'ils supposent conçu par Bel, il l'a réellement exécuté avec munificence en faveur de sa patrie. Ces faits sont notoires à Bordeaux, et l'histoire locale les confirme. On voit encore, au milieu de la Bibliothèque publique de cette ville, le portrait de Bel, où il est représenté en robe de palais, avec ce distique au bas, qui caractérise la nature de sa donation :

Has Musis ædes, librosque, laresque sacravit ;
Immemores Musas non sinit esse sui.

On n'a pu découvrir l'époque précise où cette Bibliothèque commença à être ouverte au public. On apprend seulement, par les *Annales de Bordeaux*, que « le 19 février 1739, l'Académie » tint sa première séance publique dans l'hôtel que lui avait légué » le conseiller Bel. Ce ne fut que pour annoncer sa prise de pos- » session ; car, depuis, elle reprit ailleurs ses assemblées ordi- » naires, attendu les réparations et les nouvelles dispositions à » faire dans ce local. » Il est probable que l'Académie, dans son intérêt et dans celui de ses concitoyens, s'empressa d'accélérer les travaux nécessaires à sa translation. Ce que l'on sait de positif à cet égard, c'est qu'en 1751, le docteur Castet, un des membres de cette société, occupait l'hôtel de l'Académie en qualité de son Bibliothécaire, et que cette Bibliothèque était alors ouverte au public trois fois par semaine.

§ II. — *Biographie du fondateur de la Bibliothèque de Bordeaux.*

Jean-Jacques Bel, conseiller au Parlement de Bordeaux, naquit dans cette ville, le 21 mars 1693, de Jacques Bel, trésorier de France, et de Marie Gauffreteau de Châteauneuf. Il montra de bonne heure un goût vif pour l'étude. Après avoir achevé son cours d'une manière distinguée au célèbre collége de Juilly, il revint dans le sein de sa famille, à l'âge de dix-huit ans, et se livra avec une nouvelle ardeur à des occupations d'un genre plus élevé. Son père, qui était un homme fort instruit, seconda l'émulation de son fils, en lui faisant rendre compte, tous les soirs, des matières dont il s'était occupé dans la journée. Il accompagnait cet examen d'observations si pleines de goût et même de profondeur, que Bel a souvent avoué depuis qu'il avait plus appris dans ces conférences paternelles qu'avec ses livres.

Pour accroître ses moyens d'instruction, il avait imaginé de réunir, tous les jeudis, des jeunes gens, comme lui amis de l'étude, avec lesquels il s'entretenait de matières relatives à la littérature et aux sciences morales. Des questions sur ces matières étaient proposées dans ces réunions. Elles étaient d'abord traitées par écrit par un des assistants, puis discutées de vive voix dans l'assemblée. Le mémoire produit était ensuite remis à deux de ses membres, qui, dans l'assemblée suivante, présentaient un rapport sur ce travail et sur la discussion orale qui avait eu lieu à ce sujet. Ils terminaient ce rapport par leur avis motivé, tant sur la question proposée que sur la discussion dont elle avait été suivie. Ce qui prouve combien ces conférences intéressaient ceux qui les tenaient, c'est qu'elles se continuèrent pendant six ans consécutifs.

Bel se destinant à la magistrature, jugea convenable de s'exercer pendant quelques années dans la carrière du barreau comme avocat. Il s'y fit distinguer par sa pénétration dans les affaires litigieuses, et publia divers mémoires dont on admira surtout la précision. On apprend, dans la 7ᵉ édition des *Décisions de Lapeyrère*, que Bel faisait partie de la première réunion que plusieurs magistrats et avocats distingués à Bordeaux avaient formée, en 1723, pour rédiger en commun un commentaire sur les *Coutumes de la sénéchaussée de Guienne*, travail qui était connu dans l'ancien barreau de cette ville sous le nom de *Conférences manuscrites*.

Bel fut reçu conseiller au Parlement de Bordeaux, le 15 mai 1726. Sa compagnie lui donna bientôt une marque de la confiance qu'elle avait dans ses lumières, en le députant vers le conseil d'état, quoiqu'il fût le plus jeune des magistrats de la chambre des enquêtes, pour poursuivre la décision d'une importante question de compétence élevée entre le Parlement et la Cour des Aides. Il parvint à obtenir une déclaration du Roi, du 24 août 1734, qui jugeait la contestation en faveur du Parlement.

L'Académie des belles-lettres, sciences et arts de Bordeaux admit Bel au nombre de ses membres, le 17 juin 1736. Il était directeur de cette société, l'année suivante, lorsqu'il y prononça, en séance publique, un discours dans lequel il fit une savante analyse d'une dissertation latine sur la structure et le mouvement des muscles, dont l'auteur (A. Stuart) venait d'être couronné par cette Académie. Cette dissertation se trouve sous le n° 5345 du Catalogue de la Bibliothèque de Bordeaux, volume des *Sciences et Arts*. Nous faisons cette remarque pour les curieux, qui pourront voir en tête de cette dissertation une gravure représentant la médaille que l'Académie distribuait alors pour ses prix, et qui porte d'un côté ses armes, et de l'autre celles du duc de La Force, fondateur de ces mêmes prix.

Les principes de la philosophie de Newton commençant à se répandre en France, Bel se rendit à Paris pour en prendre une connaissance approfondie. Il se livra à cette nouvelle étude avec tant d'ardeur, que sa santé, naturellement faible, en fut profondément altérée. Il mourut dans cette ville, par suite d'un excès de travail, le 15 août 1738.

On a de Bel les ouvrages suivants : I. *Examen de la tragédie de Romulus;* Paris, 1722, in-12. Bel démontre dans cet écrit que Lamotte, auteur de cette tragédie, y fait parler et agir le fondateur de Rome comme un héros d'opéra, un vrai Céladon. — II. *Apologie de M. Houdart de Lamotte, de l'Académie françoise;* Paris, 1724, in-8°. Cette prétendue *apologie* est une critique des ouvrages de Lamotte, principalement de sa tragédie d'*Inés*, qui était alors en grande vogue.— III. *Lettres à M. de.., contenant quelques observations sur la tragédie de Mariamne, de M. de Voltaire;* Paris, 1725, in-12. Ces *observations*, qui ont pour objet de faire connaître les défauts du plan de la tragédie de Mariamne, déterminèrent l'auteur de cette pièce à la retirer du théâtre et à la refondre entièrement. — VI. *Relation de ce qui s'est passé au sujet de la réception de l'illustre Christophle Mathanasius à l'Académie françoise;* 1727, in-12. On y critique d'une manière plaisante le style ridicule employé dans les discours prononcés à l'Académie française à la réception de ses membres, ou à leur mort. — V. *Lettre d'un Rat calotin à Citron Barbet, au sujet de l'Histoire des chats;* Ratopolis, 1727, in-12. C'est la moins mauvaise des critiques dont on accabla dans le temps un opuscule de Moncrif.— VI. *Dictionnaire néologique, à l'usage des beaux-esprits de ce siècle, par un avocat de province;* Amsterdam, 1727, in-12. L'auteur y fait un relevé des mots nouveaux, des expressions impropres, des phrases recherchées, du style précieux, amphigourique et ridicule qu'employaient, dans les ouvrages les plus sérieux, tant en vers qu'en prose, les écrivains les plus renommés du temps, tels que Fontenelle, Lamotte, Marivaux, Catrou, Lavisclède, Ducerceau, Hédouville, les journalistes de Trévoux, etc. La critique qu'en a faite Bel est pleine de goût, de modération et de convenance. Desfontaines s'empara de cet ouvrage, qu'il fit imprimer à son profit, avec des additions ; quelques biographes le lui attribuent. Le Dictionnaire néologique a eu beaucoup de vogue, et l'on en compte sept éditions, dont la dernière est de 1756. — vii. *Le nouveau Tarquin, comédie allégorique;* Amsterdam, 1732, in-12. Nous ne connaissons de cet ouvrage que le titre rapporté par des biographes, qui l'attribuent à Bel. — viii. *Dissertation, où l'on examine le système de l'abbé Dubos, touchant la préférence que l'on doit donner au goût sur la discussion.* Cet écrit n'a été imprimé que dans les *Mémoires de littérature et d'histoire,* de Desmolets, tome 3. — ix. *Réponse de M. B***, conseiller au Parlement de B***, à une Lettre que M. Durand lui a écrite au sujet du discours de M. Lamotte sur ses poésies dramatiques.* On trouve cet écrit dans le *Recueil des pièces d'histoire et de littérature ;* Paris, 1732.

On prétend que Bel s'exerça de bonne heure sur divers sujets de littérature, de métaphysique et de morale, et que ses essais en ce genre ont été insérés dans la *Bibliothèque française,* dont Goujet a publié les premiers volumes. On a remarqué parmi ces écrits, des analyses faites par Bel, de quelques dissertations lues à l'Académie de Bordeaux avant qu'il ne fût membre de cette société. A sa mort, il s'occupait à mettre la dernière main à un ouvrage auquel il travaillait depuis longtemps, *sur les causes du rétablissement, des progrès et de la décadence du goût dans les belles-lettres, les sciences et les arts en France.* Toutes les productions de Bel sont écrites d'un style pur, et la critique qui y domine est basée sur les vrais principes, qu'il développe clairement, sans aigreur et avec convenance. L'utile fondation dont Bordeaux lui est redevable recommande sa mémoire à la reconnaissance des amis des lettres et des arts dans sa patrie.

§ III. — *Accroissements successifs de la Bibliothèque de Bordeaux.*

La Bibliothèque léguée par Bel à l'Académie de Bordeaux, pour l'usage des habitants de cette ville, s'est successivement augmentée, soit au moyen des livres achetés par cette société, soit par les dons de leurs bibliothèques, que lui avaient faits, à diverses époques, plusieurs de ses membres. Parmi ces généreux amis des lettres, on compte, en 1743 M. Campagne, en 1747 le docteur Cardose et son épouse, en 1771 le président Barbot, en 1775 M. Chenault, en 1780 M. Beaujon, ancien négociant à Bordeaux.

On ne doit point oublier de mentionner ici un don bien précieux, quoiqu'il ne consiste pas en livres, qui fut fait à l'Académie de Bordeaux en 1768, et qui décore actuellement la Bibliothèque publique. C'est le buste de Montesquieu, sculpté par le fameux Lemoyne, et qui est dû à la libéralité du prince de Beauveau, ancien commandant de la province et membre de l'Académie. L'inscription mise au bas de ce buste donne à l'auteur de l'*Esprit des lois* le seul prénom de *Charles*, comme tous les portraits de ce grand homme, et les articles biographiques qui le concernent. C'est une erreur qu'il convient de rectifier : *Charles-Louis* sont les véritables prénoms du philosophe de La Brède, ainsi que nous l'avons prouvé dans une *Notice sur une médaille inédite de Montesquieu*, qui a été publiée dans le *Courrier de la Gironde*, du 17 août 1849. Les diverses recherches consignées dans cet écrit démontrent l'exactitude de notre assertion.

Par suite des lois du 8 août 1793 et du 24 juillet 1794, portant suppression des académies et réunion de leurs propriétés au domaine national, la Bibliothèque publique de Bordeaux reçut un grand et subit accroissement. On y transporta toutes celles des anciens couvents établis dans cet arrondissement. On conçoit combien furent longs et multipliés les travaux préliminaires, soit pour inventorier cette immense collection de livres, soit pour vérifier et classer ceux qui devaient former la Bibliothèque de la ville, et ceux qu'on destinait à la préfecture, au lycée, à l'archevêché et au séminaire, soit enfin pour reconnaître et mettre en ordre le restant des exemplaires doubles, qui seraient vendus, et dont on aurait bien dû affecter le produit à l'achat des bons ouvrages nouveaux qui manquaient à la Bibliothèque. Malheureusement, il reçut alors une autre destination.

La mise en ordre de cet important établissement est due à M. Monbalon, médecin et ancien administrateur du département de la Gironde, qui fut nommé conservateur de la Bibliothèque publique de Bordeaux en 1795. C'est lui qui a rédigé le Catalogue général de cette Bibliothèque, et qui a dirigé le placement des livres dont il se compose. Il est imprimé en cinq volumes in-8°, et contient les titres de 37,460 ouvrages, tant imprimés que manuscrits, qui forment un total d'au moins 112,000 volumes (*voyez la note* A).

M. Delas, conservateur actuel, a publié trois Suppléments à ce Catalogue, et s'occupe à rédiger ceux qui appartiennent aux classes de *Jurisprudence* et de *Théologie*. Ces Suppléments contiennent les titres, soit des ouvrages achetés par la Bibliothèque ou qu'elle a reçus du Gouvernement, soit de ceux qu'elle doit aux auteurs ou qu'elle tient de la libéralité de divers amis des lettres. La Bibliothèque de Bordeaux passe pour la plus considérable et la plus riche de toutes celles des départements.

Avant de continuer cette Notice, je dois en remercier l'auteur. M. Bernadau, à qui j'avais demandé des renseignements sur l'état ancien de la Bibliothèque, a mis la plus grande obligeance à me les fournir si complets et si exacts, que j'ai cru devoir les publier sans le moindre changement.

C'est surtout depuis douze ans que nous avons vu les trésors de la Bibliothèque s'accroître d'une manière notable. Les intentions manifestées à cette époque, par M. le Ministre de l'instruction publique, rencontrèrent de vives sympathies auprès de notre Administration locale : M. le Maire décida, par son arrêté du 30 mars 1839, que la Bibliothèque s'ouvrirait aux lectures du soir ; et le Conseil municipal, s'associant avec empressement à cette utile mesure, augmenta généreusement l'allocation accordée à la Bibliothèque pour l'achat des livres. Il devint possible alors, non-seulement de faire plus d'acquisitions, mais encore de placer dans nos rayons ces grands et beaux ouvrages que leur prix élevé en éloignait souvent. Les résultats qu'on était en droit d'attendre de ces améliorations ne tardèrent pas à se réaliser. L'établissement fut fréquenté par un bien plus grand nombre de lecteurs ; de leur côté, les amis des sciences et des lettres s'empressèrent d'y déposer leurs publications. Si je voulais citer ici ces bienfaiteurs de la Bibliothèque, on y lirait tous les noms à peu près de nos sociétés savantes et des écrivains bordelais. On y verrait figurer aussi un grand nombre d'étrangers, notamment les naturalistes, les géologues surtout, et les historiens de l'Union américaine.

Parmi nos concitoyens, il en est quelques-uns pourtant que je dois signaler particulièrement à la reconnaissance publique. Je veux parler de ceux de nos députés qui, en défendant auprès des divers ministères les intérêts de la Bibliothèque, lui ont obtenu une large part dans les dons du Gouvernement. Qu'il me soit permis de nommer MM. Wustenberg, ancien pair de France ; Billaudel, ingénieur des ponts et chaussées, le conseiller de Bastard, anciens députés; de La Grange et Camille Lopès-Dubec, représentants du peuple.

Je dois aussi ajouter aux généreux testateurs cités par M. Bernadau les noms de MM. : Delavau, négociant à Bordeaux, qui nous légua, en 1825, un exemplaire complet de la collection du *Moniteur universel ;*

Jouannet, décédé conservateur de la Bibliothèque, en avril 1845. Le nombre des livres qu'il nous a laissés est de près de trois cents. Des dons bien autrement précieux ont été faits par cet estimable savant à la ville de Bordeaux, qui les conserve dans son Cabinet d'histoire naturelle, et dans son Dépôt d'antiques.

Le docteur Dutrouilh, ancien conseiller municipal, mort le 20 janvier 1847, nous a légué sa bibliothèque, qui ne comprenait pas moins de mille volumes.

Avec l'établissement des catalogues, il deviendrait surabondant de signaler ici toutes les publications les plus remarquables qui figurent à la Bibliothèque. M. Gustave Brunet, d'ailleurs, l'a fait en partie dans une Notice publiée en 1848, et qu'on pourra consulter avec intérêt dans les *Actes* de l'Académie de Bordeaux. Je n'ajouterai que bien peu d'indications à celles qu'il a déjà données, et je ferai connaître de préférence les traités qui, sans avoir toujours une importance majeure, sont venus se placer dans nos rayons depuis l'impression des Suppléments.

Dans les SCIENCES, je citerai, parmi les meilleurs traités sur l'Economie politique, le *Répertoire général* de M. A. Sandelin; les *Études* de M. Wolowski; la *Question des subsistances*, par M. Marchal (mémoire couronné); les utiles publications de Cochin et de Depasse, sur les *Salles d'asile*. Nous devons aux libéralités de M. H. Pommier, négociant de cette ville, un grand nombre de volumes, parmi lesquels on trouve l'ouvrage de George Purves: *Gray versus Malthus, the principles of population and production investigated*, etc.; et celui de Pitkin, intitulé: *Statistical view of the commerce of the United-States of America; its connection with agriculture and manufactures*, etc. — Hartford, 1816, in-8°.

J'indiquerai, à l'Histoire naturelle, le *Dictionnaire* de D'Orbigny; les *Suites à Buffon;* les *Actes* de la Société Linnéenne de Bordeaux; le *Manuel d'ornithologie*, de Temminck, 4 vol. et 2 atl. de 530 pl. coloriées; l'*American ornithology*, by Ch.-Lucien Bonaparte;

NOTICE. XI

Les belles publications, avec planches coloriées, de MM. Dejean et Boisduval, sur les *Coléoptères*; Godart et Duponchel, sur les *Lépidoptères* (17 vol.); Duponchel et Guenée, sur les *Chenilles;*

L'*Exploration scientifique de l'Algérie* ;

L'*Histoire naturelle de New-York*, 15 vol. in-4° maj. (offerts à la ville de Bordeaux par l'état de New-York);

L'*American entomoly*, by Th. Say, 3 vol., *fig. coloriées.*

Le *Traité élémentaire de Conchyliologie*, de M. Deshayes, dont nous n'avions en 1848 que huit livraisons, en compte aujourd'hui treize. Le même auteur continue le grand ouvrage de Férussac, sur les *Mollusques*.

Je mentionnerai encore, dans la même partie : la *Conchyliologie minéralogique de la Grande-Bretagne*, de Sowerby, édition française, avec plus de 600 pl.;

La *Conchyliologie fossile*, du docteur Grateloup, médecin à Bordeaux, qui en a fait hommage à la Bibliothèque ;

Le *Mémoire sur les bassins houillers de Saône-et-Loire*, donné par l'auteur, M. Manès, ingénieur des mines dans le département de la Gironde;

Le *Choix des plus belles fleurs*, par Redouté; 2 vol. in-fol. de 144 pl. coloriées; la *Botanique de la Morée*, etc.

J'ai introduit dans cette classe une division qui n'existait point à notre Catalogue, celle de la Géologie. En 1848, nous comptions quatre-vingt-dix ouvrages sur cette matière et sur la Minéralogie. On peut y ajouter une très-intéressante et très-rare publication du professeur Renwick (des États-Unis); le *Voyage géologique aux Antilles et aux îles de Ténériffe et de Fogo*, publié sous les auspices du Ministre de la marine, par M. Deville (avec pl.); les quatre beaux volumes (in-fol. et in-4°) de M. Dana, américain, sur la *Géologie et les Zoophytes;* avec pl.: c'est encore un don de l'auteur; la *Geological map of Massachusetts*, with an explanation by

Edward Hitchock ; quelques-uns des traités qui seront indiqués à la page xxii (*note B*), etc.

On aurait une idée fort incomplète des ressources qu'offre la Bibliothèque pour ce genre d'étude, si l'on consultait seulement notre Catalogue des Sciences. Il ne faut pas perdre de vue que l'Histoire naturelle, celle surtout qui s'applique aux pays d'outre-mer, se trouve aussi dans les grands Voyages dont nous possédons aujourd'hui une collection si précieuse.

A l'Agriculture, on remarque les *Annales*, la *Maison rustique*, les ouvrages de Thaer, Gasparin, Boussingault, ceux de MM. les Inspecteurs, etc.; le *Journal* dirigé par M. Bixio, celui de M. le professeur Petit-Lafitte; les *Recherches* de Jaubert de Passa, *sur les arrosages*.

La Médecine comprend les OEuvres des praticiens les plus célèbres, soit nationaux, soit étrangers; les *Mémoires de l'Académie nationale*, les *Archives générales*, le *Journal de la Société de médecine de Bordeaux*, les *Annales d'hygiène et de médecine légale*, le *Dictionnaire de matière médicale*, par Mérat et de Lens. L'*Histoire anatomique des inflammations*, de Gendrin (récompensé par l'Institut, en 1827), et le *Traité des maladies des artères et des veines*, par Hodgson, qui ne figurent pas à nos catalogues, méritent bien la mention particulière que j'en fais ici.

M. Brunet a cité les anatomistes les plus remarquables. J'indiquerai encore l'*Anatomie du gladiateur combattant*, de Salvage; les grands ouvrages de Straus-Durckheim (avec planches); puis l'*Anatomie comparée* : recueil de planches dessinées par G. Cuvier[*], ou exécutées sous ses yeux par M. Laurillard.

La partie des Sciences médicales se complète par de bonnes

---

[*] Nous possédons tous ses ouvrages.

NOTICE. XIII

Flores, par les meilleurs traités de Chimie et de Physique, par les *Annales*, etc. C'est ici surtout qu'il fallait des productions modernes : elles figurent aujourd'hui en grand nombre dans nos rayons, avec les ouvrages les plus estimés sur la Pharmacie.

Dans un port de mer aussi important que Bordeaux, ce qui regarde la Marine ne devait pas être négligé. Je renvoie, pour nos ouvrages sur cette matière, au Catalogue des Sciences et Arts, notamment aux pages 729-33, où se trouvent les *Instructions* et les *Neptunes*, publiés par le Gouvernement ; aux *Atlas hydrographiques* des voyages entrepris par son ordre ; aux *Annales maritimes et coloniales*, etc. J'indique encore l'*Atlas maritime* de Bellin, l'*Essai d'un dictionnaire des principaux ports et mouillages du monde*, par Cuvillier et Bouin ; le *Dictionnaire de marine à voiles et à vapeur*, de MM. Bonnefoux et Pâris (2 volumes) ; les *Tables astronomiques et hydrographiques*, de Bagay ; le *Mémoire sur la construction des bâtiments en fer*, par Dupuy de Lôme (avec atlas).

La section des Sciences militaires vient de s'enrichir : des *Mémoires* de Masséna, avec atlas ;

Des *Mémoires* de Gouvion Saint-Cyr, *pour servir à l'histoire militaire sous le directoire, le consulat et l'empire* (4 vol. et atlas[*]) ;

De la *Relation de la bataille de Marengo*, par Bertier ;

De l'*Expédition aux Portes de Fer*, précieux monument élevé à la gloire de nos armes en Afrique. L'ouvrage, rédigé sur les notes du Prince, est un don de Madame la duchesse d'Orléans, accordé sur la demande de M. Dauzats, l'un des peintres attachés à l'expédition ;

Des *Études sur l'artillerie*, du prince Napol.-Louis Bonaparte.

Je dois citer aussi l'important recueil : *Mémorial de l'officier du*

---

[*] Les autres publications du même auteur sont inscrites à notre Supplément des *Sciences et Arts*.

génie, et le *Bulletin universel des sciences*, de M. de Férussac, 8ᵉ section. Dans cette partie, du reste, je me suis efforcé de satisfaire aux demandes formulées, en 1833, par M. le maréchal président du conseil des ministres, et de favoriser les études de ceux qui parcourent la carrière des armes. J'ai réuni dans notre Supplément des *Sciences et Arts*, pages 201-208, tous les ouvrages qui m'ont paru propres à assurer ce résultat.

Parmi les productions qui honorent l'Art typographique, je signalerai le *Racine* de Didot, l'*Album typographique* de M. Duverger, celui de l'Imprimerie Royale, le *Salluste* en espagnol (n° 285 de ce Supplément), et de luxueuses éditions italiennes; le *Tacite* de Panckoucke, 4 vol. in-fol.; le *Temple de Gnide*, imprimé par Pinard; la *Collection des anciens monumens de l'Histoire et de la langue française*, par Crapelet, 14 vol.; l'*Ancien Bourbonnais*, par Allier, etc. L'ouvrage de Ternisien (n° 2086) se fait remarquer par une belle exécution.

Nous devons à la munificence du Gouvernement la *Paléographie universelle*, de M. Silvestre, ouvrage non moins recommandable par les secours qu'il offre à la science que par la richesse de son exécution : il a été publié en 51 livraisons, au prix de 30 fr. chacune.

Pour ce qui concerne les Beaux-Arts, la Notice de M. Brunet est tellement complète, que je ne puis résister au désir de la transcrire :

« La classe des beaux-arts est d'une richesse remarquable. Elle
» présente bon nombre de ces publications somptueuses qui se
» placent bien rarement dans les collections particulières ; on y
» voit réunis :

» Le *Musée Napoléon*, publié par Robillard et Laurent, ma-
» gnifique collection de gravures d'après les chefs-d'œuvre rassem-

» blés dans les galeries du Louvre ; le *Musée de Florence*, 1789-
» 1807, 4 vol. in-folio, et l'ouvrage de David sur le même sujet
» en 8 vol. in-4° ; les *Annales du Musée* de Landon, 34 vol.
» in-8° (figures au trait) ; les *Vies et Œuvres des Peintres les
» plus célèbres*, 12 vol. in-4°, autre publication de Landon ; le
» magnifique ouvrage d'Al. de La Borde sur les *Vases Grecs* du
» comte de Lamberg, 1825, 2 vol. in-folio ; l'*Histoire de l'Art
» par les monuments*, par Seroux d'Agincourt, 6 vol. in-folio ;
» les *Arts au moyen âge*, par M. du Sommerard ; les *Monuments
» des Arts du Dessin*, par M. Denon, 4 vol. in-folio ; l'*Histoire
» de la Peinture sur verre*, par M. F. Lasteyrie ; les *Anciennes
» Tapisseries*, publiées par M. Jubinal ; le gigantesque volume
» de MM. Martin et Cahier sur les *Vitraux de la cathédrale de
» Bourges* ; le beau volume de Jackson sur la *gravure en bois*
» (Londres, 1839, avec une foule de gravures d'une exécution
» remarquable) ; la *Galerie lithographiée des tableaux du duc
» d'Orléans* ; le *Trésor de Numismatique et de Glyptique* ; la col-
» lection dite de Piranesi, formée de 27 vol. in-folio, et repré-
» sentant des vues de Rome, des monuments de l'art antique ;
» l'*Architecture moderne de la Sicile*, par MM. Hittorff et Zanth,
» 75 planches in-fol. ; le gigantesque ouvrage de Sulp. Boisserée
» sur la *Cathédrale de Cologne* ; le beau volume de MM. Goury et
» Jones sur l'*Alhambra*, 1842, in-folio, 53 planches ; l'*Art in-
» dustriel* de M. Feuchère ; les divers ouvrages de MM. Chenavard
» et Leconte sur l'*Ornementation* ; les in-folio de M. Rohault sur
» la construction du Muséum d'histoire naturelle à Paris, et de
» M. Vergnaud sur les jardins.

» Une mention toute spéciale est due aux *Peintures des Manus-
» crits*, magnifique ouvrage entrepris en 1835 par M. Auguste
» de Bastard, et dont il a paru jusqu'à présent 20 livraisons.

» Nous devons une mention à trois publications d'un mérite
» incontestable et d'une rareté réelle, dont leur auteur s'est plu

» à gratifier la Bibliothèque ; il s'agit des *Études d'après les vieux*
» *maîtres*, de l'*Album* et du *Portefeuille* de M. Lacour, dessina-
» teur non moins habile qu'érudit laborieux.

» Nous aurions tenu à signaler aussi le *Musée de Sculpture* de
» M. de Clarac ; l'*Art moderne en Allemagne*, par Raczynski ;
» les publications relatives à la *Chapelle Saint-Ferdinand*, à
» l'*Église de Saint-Savin*, à la *Cathédrale de Chartres*; mais d'au-
» tres objets nous appellent. »

Après toutes ces indications, je signalerai encore : Durand, *Recueil et parallèle des édifices de tout genre, anciens et modernes, remarquables par leur beauté, par leur grandeur ou par leur singularité*, 90 pl. in-fol., avec un texte explicatif par Legrand; les magnifiques publications de Fontaine et Percier; le *Palais Massimi à Rome;* l'ouvrage de Lusson, sur les *Fontaines;* celui de Piranesi, pour certaines parties de l'*Ornementation*[*] *;* les *Monuments funéraires*, par M. Normand; la *Description du Musée céramique de Sèvres*, par A. Brongniart et Riocreux (2 vol. avec pl. col.); l'*Album cosmopolite*, de M. Alexandre Vattemare : l'auteur en a fait hommage à la Bibliothèque.

Ceux qui se livrent à l'étude de la Musique trouveront dans la Bibliothèque les ouvrages des grands maîtres : Choron, Reicha, Cherubini, Berlioz, Andrevi, etc.

Quant aux Arts mécaniques et Métiers, je ferai connaître dans une note spéciale (B) les ouvrages qui s'y rapportent.

Dans l'Histoire, les *Voyages* de la Commission scientifique du Nord, de Pacho, du prince Maximilien de Wied-Neuwied, méritent, même après ceux qu'a fait connaître M. Brunet, une mention particulière. Les *Explorations de la Californie*, l'*Itinéraire*

[*] Inscrit au Catalogue supplémentaire des *Sciences et Arts*, sous le n° 1903.

pittoresque de l'Hudson, les publications sur l'*Océanie*, présentent un intérêt d'actualité qui ne permet pas de les passer sous silence.

L'Histoire proprement dite, notamment l'Histoire de France, est à peu près complète. S'il nous manque quelques publications des temps anciens, cela tient à la difficulté de se les procurer. C'est une lacune qu'il ne sera pas impossible de combler. Pour les ouvrages modernes, les grands travaux de Bréquigny, continués par M. Pardessus; les n°ˢ 245-47, 256-59, 315-17; 378-79, où se trouve la *Statistique* publiée par le Gouvernement; les beaux volumes des n°ˢ 409-10; les collections des n°ˢ 416-18, 422, 423, 424, etc., prouvent que cette partie si importante n'a été négligée, ni dans ses généralités, ni dans ses détails. Il est douteux qu'il existe une bibliothèque communale plus riche en Histoires de Provinces et de Villes. A la liste donnée par M. Gustave Brunet, des savantes publications des Bénédictins, j'ajoute : l'*Histoire de la Bourgogne*, d'Urbain Plancher (4 vol. in-fol.); l'*Histoire de Reims*, par dom Marlot, etc.

Je dois une mention spéciale aux *Voyages* de Millin *dans les départements du midi de la France*, 5 vol. et atl.

L'Histoire des pays autres que la France se recommande également par d'importantes publications, pour lesquelles je renvoie à la Notice, déjà citée, de M. Brunet. Mais après les grands recueils de Muratori, de Pertz, je puis mentionner encore la collection publiée par ordre du feu roi Charles-Albert, sous le titre de *Historiæ patriæ monumenta*; les cinq volumes in-fol. intitulés *Collecçao de livros ineditos de historia portugueza, publicados de ordem da Academia real das sciencias de Lisboa*. Je dois aussi faire ressortir nos richesses en livres américains, et signaler particulièrement les magnifiques Cartes des n°ˢ 1983, 1992-98, 2003 et 2014. J'ajoute, à l'honneur de l'Union américaine, que nous en sommes redevables à la munificence des États.

J'indique dans l'Archéologie et l'Archéographie, les *Mémoires de la Société nationale des Antiquaires*, les n°s 340, 1393, 1435 et 1473. Je rappelle que, si je borne là mes citations, c'est que je n'ai pas l'intention de répéter celles de M. Brunet, mais seulement de les compléter. Je le remercie de m'avoir devancé, et d'avoir ainsi considérablement abrégé ma tâche (C).

Pour la Numismatique, où figurent la *Revue*, le précieux ouvrage de MM. Fougères et Combrouse, etc., je renvoie à la page 169, et j'annonce l'acquisition de récentes publications sur cette matière.

Les cadres réservés à l'Histoire littéraire, à la Biographie et à la Bibliographie se sont remplis d'ouvrages importants. On y trouve, dans les Recueils périodiques : la *Bibliothèque de l'École des Chartes*, le *Bulletin polymathique de Bordeaux*, les *Actes* de l'Académie de la même ville, la *Bibliothèque universelle de Genève*, le journal l'*Institut*[*], le *Correspondant;* dans la Biographie des artistes, le *Dictionnaire* de l'italien Ticozzi, et le *Catalogus artificum*, de Sillig. Pour les *Revues*, voyez la page 255 et la Table alphabétique.

Je renvoie encore à la Notice de M. Brunet, pour les BELLES-LETTRES, la THÉOLOGIE et la JURISPRUDENCE. J'ajoute seulement que cette dernière partie ne doit pas être jugée d'après le Catalogue imprimé en 1834. Depuis cette date, la Bibliothèque a fait de nombreuses acquisitions, et nos livres de droit offrent aux étudiants les plus utiles ressources. Il existe un volume qui, par son excessive rareté, mérite d'être signalé particulièrement. C'est l'ouvrage de Choppin, *De sacra politia forensi,* avec la dédicace «Christianissimo regum regi Carolo X Borbonio.» Elle se termine par un vœu qui ne s'est pas réalisé : « Floreat Tua Majestas, et valeat.

---

[*] Je n'ai pas besoin de dire que nous avons les *Mémoires* et les autres publications de ce corps savant, ainsi que la plupart des grandes collections académiques

Parisiis, luce sacrà D. Lodoico, cujus tu avitum cum stemmate, sceptroque gallico, christianæ pietatis decus retinuisti; 25 Augusti 1589. » Cette particularité n'a pas été connue d'une manière certaine par les bibliographes. « On assure, dit le jurisconsulte Camus, qu'il y a des exemplaires de ce traité qui portent une épître dédicatoire au prétendu roi Charles X. » La Biographie universelle est moins affirmative. Du reste, le courtisan du roi de la ligue devint plus tard celui de Henri IV, dont il fit imprimer le *Panégyrique* en 1594 ; il lui dédia, deux ans après, son *Commentaire de la coutume de Paris*.

Je n'ai point à exposer de système bibliographique. La Table qui suit le fait suffisamment connaître. Dans ce Supplément, comme dans mes précédentes publications, j'ai adopté principalement l'ordre de nos Catalogues, en le modifiant, dans certains cas, d'après le *Manuel* de M. Charles Brunet. C'est, avec raison selon moi, le guide le plus généralement suivi.

Mon désir a été d'être utile à ceux qui fréquentent la Bibliothèque, aux lecteurs surtout peu versés dans la connaissance des classifications bibliographiques. Instruit par mes rapports avec le public des difficultés qui se rencontrent dans certaines recherches, je me suis appliqué à les diminuer. C'est dans ce but que l'indication des mêmes ouvrages se trouve quelquefois répétée dans différentes divisions. Nos catalogues offrent de fréquents exemples de ces répétitions qui, présentées comme elles le sont, donneraient un nombre fabuleux de volumes. Nous avons assez de richesses, sans qu'il soit besoin d'en exagérer le chiffre. Pour ne pas tomber ici dans la même exagération, quand il y a double mention d'un ouvrage, il y a aussi répétition du numéro avec une lettrine. Voyez, pour exemple, les pages 224-25. C'est aussi pour venir en aide aux hommes qui s'occupent d'études sérieuses que j'ai souvent fouillé dans nos grandes collections, et que j'en ai fait connaître les dissertations les plus précieuses. Les lecteurs et les fonctionnaires eux-mêmes des bibliothèques ne savent pas toujours les y découvrir. Je me suis appliqué à remédier encore à cet inconvénient en groupant, comme aux pages 169, 231, etc., des traités qui, disséminés dans toutes les parties de nos Catalogues, peuvent cependant servir à l'étude du même sujet. Le Répertoire alphabétique a été rédigé dans la même intention : il donne, avec le nom des auteurs, l'indication des matières principales. C'est, en un mot, un *Guide dans la Bibliothèque*, que j'ai voulu faire, guide imparfait sans doute ; mais pour atteindre complètement mon but, il m'aurait fallu plus de temps que je n'ai pu en consacrer à ce travail. Devais-je, d'ailleurs, répéter tous les renseignements que fournissent nos Catalogues, et signaler aux érudits, qui sauront bien les y trouver, les productions qui honorent le plus l'esprit humain ? Les lettres et les sciences ont ici d'éminents interprètes ; dans la Philosophie, notamment, des lacunes regrettables ont disparu.

Ma tâche n'est pas terminée : je me suis occupé du plus pressé, en ajournant à une époque prochaine ce qui reste à faire. Le Catalogue des Manuscrits, dont M. Jules Delpit s'occupe avec talent et avec un zèle désintéressé, touche à sa fin : je compte le faire imprimer dans le courant de l'année. Je ne renonce point aux Catalogues spéciaux. Pour les *Incunables*, j'ai rédigé un assez grand nombre de notes que j'ai communiquées à M. Brunet, et qui me permettront peut-être de réaliser le vœu exprimé dans sa Notice, page 387. Un savant bibliophile m'a fourni, sur nos éditions *Aldines* et *Elzéviriennes*, des matériaux que, j'en suis sûr, je trouverai aussi exacts que complets, quand je pourrai m'en occuper.

En satisfaisant, par l'impression de nos Catalogues, aux exigences ministérielles, je serai heureux de conserver à la Bibliothèque ses droits aux distributions du Gouvernement. Je ne le serai pas moins d'appeler sur elle l'attention de l'Administration municipale, qui appréciera cette œuvre et son utilité pour la science. Elle y trouvera, en même temps, un *Inventaire* fidèle et facile à vérifier, des richesses que possède le dépôt littéraire le plus important de la province. Il est fâcheux que le monument qui lui est affecté ne réponde pas à cette importance. Espérons qu'il n'en sera pas toujours ainsi, et que le beau projet[*] présenté par M. Gautier, aujourd'hui maire de Bordeaux, recevra son exécution.

D.

Janvier 1851.

---

[*] *Voyez*, à la page xxv, un extrait du Rapport où ce projet est exposé.

NOTES.

(A) Tous les manuscrits ne figurent pas dans le nombre indiqué par M. Bernadau, et parmi nos ouvrages imprimés, il y a beaucoup d'incomplets. Voici comment M. Jouannet, alors conservateur de la Bibliothèque, s'exprimait dans un Rapport du 24 janvier 1834 : « L'établissement comptait, en 1793, environ 36,000 volumes ; mais près du quart se composait d'incomplets. » — Bien peu, malheureusement, ont pu ou pourront être complétés.

(B) Quand l'Administration municipale s'occupe, avec une sollicitude toute paternelle, d'ouvrir des écoles, de fonder des cours* où les ouvriers vont recevoir l'instruction gratuite, la Bibliothèque devait, autant qu'il est en elle, concourir au même but. Ce devoir a été rempli : les traités les plus élémentaires, comme les plus avancés de la Mécanique, sont en assez grand nombre pour que tous les états puissent trouver ici les moyens de s'instruire. Ces ouvrages sont indiqués en partie aux Sciences et Arts, pages 654-64, 799-804 du Catalogue, et aux numéros 1588-1619, 1962-2000 du Supplément. Je mentionne particulièrement le *Dictionnaire technologique*, 22 vol. avec atlas ; et j'indique en dehors de ces divisions les *Encyclopédies* et le *Bulletin* de Férussac, 5e section, qui traite des Sciences technologiques. Pour ce qui s'applique plus spécialement à la Construction, nous avons, entre autres, l'*Art de bâtir* de Rondelet, avec le supplément par Blouet ; les ouvrages d'Hassenfratz, de Vicat ; ceux de Krafft, d'Émy, d'Adhémar, sur la *Charpente* ; le *Traité de la coupe des pierres*, de ce dernier ; l'*Art du menuisier*, par Roubo, accompagné de belles planches, et qui, malgré sa date, est encore d'une grande utilité ; les traités de *Serrurerie* de Duhamel du Monceau, Monnin, Berthaux. C'est ici le lieu de citer l'ouvrage de M. Eck : *Application du fer, de la fonte, de la tôle et des poteries, dans les constructions* ; celui de MM. Flachat, Barrault et Pétiet : *De la fabrication de la fonte et du fer, envisagée sous les trois rapports chimique, mécanique et commercial* ; 3 vol. in-4° et atlas de 92 pl. in-fol. ; *De la production des métaux précieux au Mexique, considérée dans ses rapports avec la géologie, la métallurgie et l'économie politique*, par St Clair Duport, avec atlas.

Pour les Machines à vapeur et les Locomotives, je nomme Tredgold, Pambour, Grouvelle, Reech, Tourasse et Mellet, etc.

Nous avons tous les ouvrages des ingénieurs les plus renommés. Je me contenterai de citer, dans les Ponts et Chaussées : Céard, Delaistre, Dumont, Dupuit,

---

* Trois de ces cours ont lieu dans l'hôtel du Musée. Ils sont suivis avec une assiduité qui témoigne tout à la fois de l'amour de nos concitoyens pour la science, et du talent des professeurs : MM. Magonty, Pédroni, Petit-Lafitte.

Frontin, Gauthey, Gautier, Mayniel, Navier, Prony, Sganzin. Je signale spécialement, pour les Chemins de fer : la *Science pratique*, de Brees ; le *Portefeuille de l'ingénieur*, de Perdonnet et Polonceau ; les *Leçons* de M. Minard : l'*Essai* de Brard, auteur de *Maître Pierre* et d'un grand nombre d'ouvrages utiles qui figurent tous dans la Bibliothèque. Je renvoie, pour la même matière, aux numéros 453 et suivants du Supplément des Sciences.

J'indique, dans un autre ordre : Leblanc, *Machines, instruments et appareils pour l'économie rurale et industrielle* ; Thaer et Boitard, *Instrumens d'agriculture et de jardinage* ; l'*Art de composer et de décorer les jardins*, par ce dernier. J'ai déjà cité Vergnaud, et l'ouvrage de Rohault, sur les *serres-chaudes*, etc.

Je dois faire connaître encore un ouvrage utile au commerce et à l'industrie, publié sous les auspices du Ministre de la marine et des colonies, dont il n'existe probablement que bien peu d'exemplaires à Bordeaux. Il a pour titre : *Mémoire sur la meunerie, la boulangerie et la conservation des grains et des farines, contenant la description des procédés, machines et appareils appliqués jusqu'à ce jour au nettoyage, à la conservation et à la mouture des blés, à la fabrication du pain et à celle des biscuits de mer*, etc.; par Augustin Rollet. Ce volume *in-4°*, publié en 1847 avec 62 belles planches *in-fol.*, ne figure point sur nos Suppléments. C'est que, depuis même leur impression, la Bibliothèque n'a pas cessé d'accroître ses richesses. Que ceux donc qui, après avoir parcouru nos Catalogues, n'y trouvent pas les livres qu'ils désirent consulter, ne craignent pas de les demander. Ils me verront toujours empressé à faire droit à de justes réclamations, à faciliter les recherches, à recevoir avec reconnaissance les avis qui auraient pour but d'introduire des améliorations dans le précieux dépôt qui m'est confié. Ces améliorations sont rendues faciles par la bienveillance du Conseil municipal et du Maire de la ville. Depuis plus de vingt ans qu'il s'est réservé la direction supérieure de la Bibliothèque, M. Gautier a non-seulement encouragé les utiles propositions des conservateurs de l'établissement, mais il leur a souvent montré le bien qu'il y avait à faire. Je suis heureux de lui en attribuer la plus grande part.

(C) La classe des Beaux-Arts se complète par celle de l'Archéologie. On trouve dans cette dernière les grands ouvrages de Caylus, Raoul-Rochette, Quatremère, Barbault, Bouillon (*Musée des antiques*), Hittorff (*Antiquités inédites l'Attique**), D'Overbeke, Venuti, Mazois, Gailhabaud, etc.

Pour les Monuments de la France, nous avons Montfaucon, Alex. de Laborde, Xavier Willemin, Horace de Viel-Castel, Grivaud de la Vincelle, Grille de Beuzelin, Rey (*Monuments romains et gothiques de Vienne*) ; les *Voyages pittoresques* de Taylor, etc ; les *Statistiques monumentales de Paris, de la Charente*........; les

* J'ai déjà cité l'*Architecture moderne de la Sicile*, par le même.

publications artistiques qui intéressent Bordeaux et la plupart des anciennes provinces ou des départements. Pour ceux des pays étrangers, je citerai les deux de Laborde : *Voyage en Orient, Voyage pittoresque et historique de l'Espagne* ; les *Voyages pittoresques à Naples, en Sicile* ; le recueil de Rusca : *Dessins de bâtiments construits en Russie*, 180 planches gravées au trait, avec l'explication. La Bibliothèque peut encore offrir aux études de l'archéologue et de l'architecte : la *Description de l'Égypte*, le grand ouvrage de M. Rosellini, les *Antiquités de la Nubie*, par Gau, l'*Expédition en Morée*, l'*Exploration scientifique de l'Algérie*, les riches publications de Botta, Flandin, Coste; en un mot, toutes celles à peu près qui forment l'Histoire pittoresque et monumentale de l'univers.

Je signalerai encore aux peintres et aux dessinateurs : nos belles figures de la Bible; le recueil publié par M. Niel : *Portraits des Français du seizième siècle*; les *Vues des côtes de France*, par Garneray; les gravures de Boucher-Desnoyers, celles de Piringer, etc.; les gracieuses compositions de Girodet; nos grands ouvrages d'anatomie, spécialement le *Recueil anatomique* de Chaussier, avec les planches d'Albinus; les *Proportions du corps humain* : 26 planches par Rimmon, pour l'usage des peintres, sculpteurs et dessinateurs; l'*Ostéologie* de Gamelin, etc.

Pour les Costumes, je mentionne les ouvrages de Bardon, Malliot, Lens, Sylvain Maréchal. Le *Recueil* de Deserpz, petit volume très-curieux et très-rare, imprimé en cursive française, intéresse plutôt les bibliophiles que les artistes : il est minutieusement décrit dans le Manuel du libraire, tome IV, page 37. On peut consulter encore l'*Histoire des modes françaises*, de Molé, et la plupart des ouvrages inscrits à la page 189 du Catalogue; les n°s 409 et 410 de ce Supplément; les *Costumes français*, par M. de Clugny; les belles lithographies de la *Henriade*; l'*Histoire lithographiée du Palais-Royal*, par M. Vatout; les *Cérémonies du sacre*, par M. Leber; le *Sacre de Louis XV*, avec les dessins de Bullin; le *Sacre et couronnement de Louis XVI*, avec figures gravées par Patas; les *Cérémonies du sacre de l'empereur Napoléon*; la *Galerie bretonne*, gravée par Reveil; la *Galerie armoricaine*, de M. de Lalaisse et Benoist.

Je citerai enfin, parmi des recueils plus spéciaux : les *Cérémonies et coutumes religieuses de tous les peuples*, par Bernard Picart; l'*Histoire des ordres monastiques*, du P. Hélyot; le *Recueil* (malheureusement incomplet) de Bar; les jolis volumes coloriés de l'abbé Tiron ; les *Figures des habits des chanoines*, de Du Molinet; l'*Histoire de la milice française*, du P. Daniel; les *Uniformes de l'infanterie française*, gravures de Lattré; les *Esquisses* de M. Ambert; la *Collection des uniformes militaires*, d'après les dessins de Bellangé; l'*Empereur et la Garde impériale*, 42 pl. col. de Charlet; les *Costumes des grands théâtres de Paris*; l'*Album de l'opéra*, publié par Challamel.

Pour les costumes des peuples étrangers, j'indique : les *Généalogies des Forestiers et des comtes de Flandre, avec les habits du temps* (1608), par Balthasar ; les *Popular customs of Italy*, by Mac Farlane ; les *Costumes* (coloriés) *des états de l'Autriche*, 53 pl. dessinées par Kininger : on prétend qu'il en existe seulement deux exemplaires coloriés ; les *Costumes des femmes de Hambourg*, dessins de Lanté ; les *Cérémonies du couronnement de l'empereur Nicolas et de l'impératrice*, par Graf.

Les costumes des peuples extra-européens se trouvent souvent dans les atlas historiques qui accompagnent les grands voyages.

Je mentionne deux ouvrages utiles aux graveurs : l'*Histoire artistique et archéologique de la gravure en France*, par Bonnardot ; l'*Essai*, de Duchesne, *sur les nielles, gravures des orfèvres florentins du 15e siècle*; avec figures.

DES ÉTABLISSEMENTS MUNICIPAUX DE SCIENCES ET D'ARTS.[*]

Le plus magnifique et le plus riche de ces établissements est sans contredit la Bibliothèque publique. C'est une collection immense qui ne contient pas moins peut-être de cent quarante mille volumes.[**] La ville, depuis plusieurs années, a, sur ma demande, doté richement cet établissement, le plus complet de la France, si l'on en excepte les collections de Paris. Chaque année, le Conseil municipal écrit en sa faveur, dans son budget ordinaire, une allocation de 15,000 fr. Je crois, Monsieur le Maire, que cette dotation est suffisante, et que nous n'aurons jamais à demander qu'elle soit augmentée ; elle suffit, avec les dons nombreux que nous fait le Gouvernement, pour compléter la collection en livres de sciences et en livres nouveaux ; elle suffit pour entretenir les reliures et pour tous les frais de conservation et d'administration. Mais, Monsieur le Maire, ce qui n'est pas digne de la collection, c'est le local dans lequel la Bibliothèque a été entassée. Cette multitude de salles plus ou moins grandes, formées de maisons contiguës, qui ont encore leurs différences de niveau, dans lesquelles on ne pénètre que par des détours inextricables, forment un établissement incommode et sans dignité, un véritable labyrinthe dans lequel on se perd, et dans lequel la Bibliothèque ne paraît pas.

Un jour, Monsieur le Maire, la ville devra songer à bâtir ailleurs un hôtel pour sa Bibliothèque, à le bâtir isolé, afin qu'il ne soit pas exposé, comme celui qu'elle possède, à un incendie communiqué par les maisons privées qui l'entourent ; elle devra bâtir un hôtel approprié à cette destination pour que sa magnifique collection de livres apparaisse enfin. Ce sera, n'en doutez pas, comme une nouvelle fondation. Qui sait à Bordeaux que nous possédons une grande et belle Bibliothèque ? Personne. Quelques savants ou quelques étudiants connais-

[*] Extrait d'un *Rapport*, en date du 8 décembre 1842, *à M. le Maire de Bordeaux, sur l'instruction publique*, etc.; par l'Adjoint de Maire délégué, *A.-F.* GAUTIER aîné.

[**] Les doubles sont compris dans ce chiffre.

sent la salle de lecture, mais presque personne ne sait tout ce que renferme de richesses scientifiques et bibliographiques la collection de la ville. Qui a vu les nombreux manuscrits que nous possédons? Qui les a feuilletés? Qui sait ce que quelques-uns valent sous le point de vue littéraire, artistique ou historique? Qui sait que notre Bibliothèque est riche en éditions si précieuses du quinzième siècle? Qu'elle possède une collection presque complète d'éditions aldines? qu'elle renferme une collection plus complète encore des éditions elzéviriennes? qu'elle est presque unique par le vaste développement de sa partie historique? que la science du droit y est presque tout entière? que la théologie remplit à elle seule plusieurs salles? Qui sait qu'elle renferme un très grand nombre d'éditions de luxe, chefs-d'œuvre de la typographie moderne, et que presque tous les magnifiques voyages publiés par l'ordre du Gouvernement ou sous sa protection ornent ses rayons? Non, Monsieur le Maire, on ne sait pas cela à Bordeaux; et lorsque j'ai quelquefois assuré que nous avions une magnifique collection de livres, on ne m'a pas cru. C'est que l'on ne s'est jamais assez occupé du matériel de ces collections scientifiques. Elles sont enfouies dans un local qui n'a jamais été disposé pour elles ; elles y sont écrasées, voilées à tous les yeux, et leur existence est devenue un problème ; elles existent réellement, mais elles sont cachées : c'est comme la vérité au fond de son puits ; autant vaudrait qu'elles n'existassent pas.

RÈGLEMENT.   XXVII

EXTRAIT du Registre des arrêtés du Maire de la ville de Bordeaux, du 20 *novembre* 1850.

Le Maire de la ville de Bordeaux,

Vu les divers arrêtés de ses prédécesseurs, relatifs à la police intérieure de la Bibliothèque de la ville, notamment les arrêtés des 2 décembre 1806 et 30 mars 1839 ;

Considérant qu'il convient de réunir en un seul règlement les dispositions éparses dans divers arrêtés, et de consacrer quelques modifications déjà introduites par l'usage ;

Après avoir entendu le Conservateur de la Bibliothèque,

ARRÊTE :

Article premier. — La Bibliothèque de la ville est ouverte au public tous les jours de la semaine, excepté le samedi et le dimanche, depuis 10 heures du matin jusqu'à 3 heures, et le soir de 7 à 10 heures.

L'ouverture a lieu chaque année le 1er novembre, et la clôture le 1er septembre.

Art. 2. — Pendant la durée des séances, personne ne pourra être reçu que dans le salon de lecture, ni être dispensé de se conformer au présent règlement.

Les étrangers et toutes personnes qui n'iraient à la Bibliothèque que par curiosité, ne pourront être admis qu'avant ou après les séances.

Art. 3. — Les personnes qui se présenteront à la Bibliothèque pour y lire ou consulter quelque livre, devront s'adresser directement au Bibliothécaire pour faire leur demande. Elles ne pourront aller prendre elles-mêmes les ouvrages dans les rayons ; le Bibliothécaire les fera chercher par un des aides, et en fera lui même la remise avec les formalités ci-après.

Art. 4. — Le Bibliothécaire inscrira sur son registre des séances le titre de l'ouvrage qui lui est demandé, avant d'en faire la remise, et chaque lecteur recevra de lui, avec l'ouvrage, une carte numérotée, dont le numéro sera également inscrit à la marge de chaque article.

Art. 5. — Il ne pourra être remis plusieurs ouvrages à la fois à un lecteur, hors les cas d'exception laissés au dicernement du Bibliothécaire, en faveur des personnes qui s'occupent de recherches.

Art. 6. — Les lecteurs ne pourront parcourir les salles, ni toucher les livres qui ne leur auront pas été donnés à lire; ils ne pourront se placer qu'autour des tables qui sont au milieu de la salle, et non dans les embrasures des fenêtres; ils devront garder le silence, et, s'ils ont besoin de parler à quelqu'un, ils devront le faire à voix basse.

Art. 7. — Les lecteurs prendront toutes les précautions convenables pour la conservation des livres.

En conséquence, il y aura lieu d'exiger que les grands formats soient tenus sur les tables et non sur les genoux; qu'il ne soit fait de pli à aucun feuillet; que le papier sur lequel on écrit des notes ne soit pas posé sur le livre, et que le livre ne soit pas placé entre ce papier et l'encrier.

Il est également recommandé de ne point salir les tables, et de n'y commettre aucune dégradation.

Dans le cas où quelqu'un pourrait ne pas respecter ces dispositions du règlement, si essentielles à la conservation des objets dépendant de la Bibliothèque, le Bibliothécaire est autorisé à retirer les livres et à les refuser.

Art. 8. — Aucun lecteur ne peut sortir de la Bibliothèque sans avoir remis lui-même au Bibliothécaire le livre qu'il en a reçu, ainsi que la carte numérotée qui lui a été donnée, pour qu'il en soit fait décharge au registre.

Art. 9. — Aussitôt que l'heure de la clôture de la séance aura sonné, le Bibliothécaire appellera, ou fera appeler par un des aides, les numéros par ordre des ouvrages inscrits sur son registre; et, après les avoir reconnus et retirés des mains des lecteurs, il veillera à ce que les volumes soient replacés exactement dans les rayons.

Art. 10. — Toute personne admise aux lectures du soir devra s'être présentée à la Bibliothèque, la veille ou le jour même, de 10 heures du matin à 3 heures du soir, pour indiquer le titre exact du livre qu'elle désire consulter.

Art. 11. — Nulle demande d'ouvrage ne pourra, sous aucu prétexte, être faite pendant la séance du soir que pour le lendemain.

Art. 12 — Les lecteurs sont prévenus que les lectures du soir sont consacrées aux études sérieuses.

Art. 13. — Le Bibliothécaire ou le Sous-Bibliothécaire fera tous les jours, après la séance, une visite de sûreté, pour s'assurer que les feux et les lumières sont complétement éteints.

RÈGLEMENT. XXIX

Art. 14. — Le Bibliothécaire tiendra la main à l'exécution rigoureuse du présent règlement.

Fait et arrêté à Bordeaux, en l'Hôtel de ville, le 20 Novembre 1850.

Le Maire de Bordeaux,

A. F. GAUTIER aîné.

Bordeaux. —Imprimerie de DURAND.

www.ingramcontent.com/pod-product-compliance
Lightning Source LLC
Chambersburg PA
CBHW060525050426
42451CB00009B/1161